Aves

Dinosaurios de nuestros días

Kerri O'Donnell

Traducción al español: Leticia Molinero

The Rosen Publishing Group's
Editorial Buenas Letras™
New York

Published in 2002 for The Rosen Publishing Group, Inc.
29 East 21st Street, New York, NY 10010

Copyright © 2002 by The Rosen Publishing Group, Inc.

First Library Edition in Spanish 2002
First Library Edition in English 2001

Book Design: Haley Wilson
Photo Credits: Cover, pp. 2–3, 7, 14, 16–19, 22–24 © Linda Hall Library;
pp. 1, 4–5 © Stockbyte; pp. 8–9 © Linda Hall Library/
© John Taylor/FPG International; pp. 10–11 © Telegraph Colour Library/FPG
International; pp. 12–13 © Stockbyte/© Tom McHugh/National Museum of
Natural History/© Peabody Museum/© Linda Hall Library; pp. 20–21 © Chris
Butler/Science Photo Library; p. 22 © O. Louis Mazzatenta/National
Geographic.

O'Donnell, Kerri, 1972-
Birds : modern-day dinosaurs / Kerri O'Donnell: traducción al español Leticia
Molinero.
p. cm. -- (The Rosen Publishing Group's reading
room collection)
Includes index.
Summary: This book discusses the common traits that birds
and dinosaurs share and explains that the Archaeopteryx, which
lived 150 million years ago, was possibly the first bird.
        ISBN: 0-8239-8315-3 (pbk)
        ISBN: 0-8239-6513-9 (hc)
        6-pack ISBN: 0-8239-6581-3
1. Dinosaurs--Juvenile literature   2. Birds, Fossil--
Juvenile literature   3. Birds--Origin--Juvenile literature
[1. Dinosaurs   2. Birds, Fossil   3. Birds 4. Spanish Language Materials]
I. Title   II. Series
                        2001-006829
567.9--dc21
Manufactured in the United States of America

Contenido

¡Hay un dinosaurio en el jardín de mi casa!

Tu hermanito entra corriendo en la casa y dice: "¡Oye, acabo de ver un dinosaurio!"

¿Se lo crees? Tal vez deberías. Es posible que tu hermanito no esté inventando un cuento. La mayoría de los científicos piensan que todos los dinosaurios murieron hace unos 65 millones de años. Durante mucho tiempo los científicos creyeron que cuando los dinosaurios desaparecieron de la Tierra, no dejaron ningún rastro. Pero hoy, los científicos creen que los **parientes** de los dinosaurios están vivitos y coleando.

¡Las aves que ves en el jardín de tu propia casa pueden ser parientes de los dinosaurios!

5

Sal al jardín y mira el cielo o un árbol cercano. Si ves un ave, ¡es posible que estés mirando al pariente de un dinosaurio!

Los científicos han pasado años estudiando **fósiles** de dinosaurios. Después de la muerte de los dinosaurios, sus cuerpos estuvieron cubiertos por arena y barro. A lo largo de millones de años, la arena, el barro, huesos, dientes y huellas se convirtieron en rocas. Estas rocas son fósiles. Los científicos pueden comparar los fósiles de dinosaurios con animales vivos, como las aves.

Los científicos creen que las aves vinieron de los dinosaurios debido a los **rasgos**, o características, comunes que comparten entre ellos. Algunos científicos llaman a las aves "dinosaurios vivientes".

Los científicos estudian fósiles como éste, de hace 150 millones de años, para aprender más acerca de los dinosaurios.

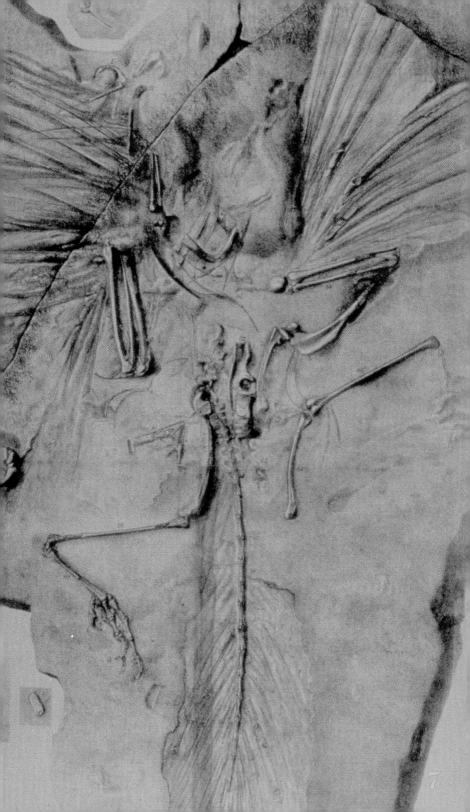

La historia de los dinosaurios

Los dinosaurios vivieron sobre la Tierra durante 165 millones de años. Los científicos han encontrado fósiles de más de 450 clases diferentes de dinosaurios. El Diplodocus vivió hace unos 150 millones de años en lo que ahora es el oeste de los Estados Unidos. El Diplodocus era casi tan largo como tres autobuses escolares estacionados en hilera. El Estegosauro vivió en la misma zona más o menos en la misma época. El Estegosauro tenía filosas púas en la cola y duras placas sobre la espalda para protegerse de los enemigos. El Saltopus vivió hace 220 millones de años, ¡y era más pequeño que un gato casero!

Grandes y poderosos dinosaurios, como el Estegosauro, dominaron la Tierra hasta hace unos 65 millones de años.

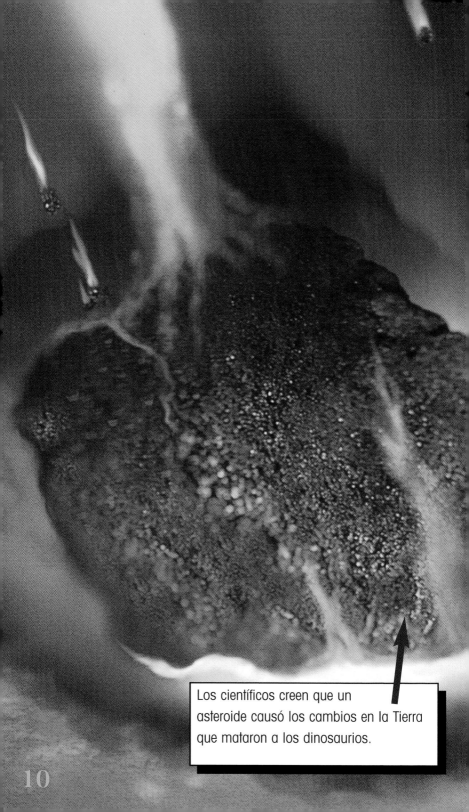

Los científicos creen que un asteroide causó los cambios en la Tierra que mataron a los dinosaurios.

Los científicos creen que un **asteroide** espacial se estrelló contra la Tierra hace unos 65 millones de años. Piensan que este asteroide hizo un enorme **cráter** en el Golfo de México. Algunos científicos creen que un volcán entró en **erupción** aproximadamente al mismo tiempo en donde ahora se encuentra la India.

Estos sucesos enviaron mucho humo y polvo al aire, lo que bloqueó la luz solar durante meses sobre toda la Tierra. La falta de la luz solar, y las frías **temperaturas**, hicieron que murieran las plantas, y era casi imposible encontrar alimentos. Sin las plantas, los dinosaurios **vegetarianos** murieron de hambre.

Los dinosaurios **carnívoros** murieron porque no habían quedado dinosaurios vegetarianos para comer. Es probable que estos cambios hayan acabado con la mayoría de los dinosaurios.

Cómo cambiaron los dinosaurios con el tiempo

Los primeros dinosaurios vivieron hace unos 225 millones de años. Durante millones de años, los dinosaurios pasaron por un lento **proceso** de cambio. Comenzaron a desarrollarse dinosaurios con **rasgos** diferentes. Algunos dinosaurios tenían rasgos que les ayudaron a vivir mucho tiempo. Otros, tenían rasgos que no les ayudaron. Estos dinosaurios se fueron extinguiendo poco a poco. Este proceso le ocurre a todas las criaturas que viven en la Tierra actualmente. Es algo que sucede todo el tiempo. Esto lleva millones de años, de modo que a nosotros nos resulta imposible ver los cambios.

A lo largo de millones de años, un dinosaurio como éste se habría convertido en algo muy parecido a las aves que conocemos actualmente.

Camptonotus

Stegosaurus

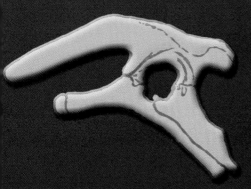

Allosaurus

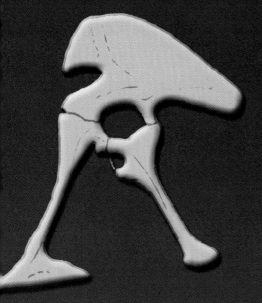

Morosaurus

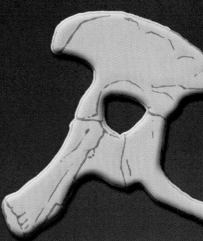

Miremos de cerca esos huesos

Los científicos examinan de cerca las cosas que son iguales entre los diferentes animales. Esto les ayuda a decidir qué animales son parientes entre sí.

Cuando los científicos observaron las aves, vieron algunas cosas interesantes. Descubrieron que las aves tienen muchas cosas en común con los dinosaurios. Todos los dinosaurios tenían un agujero en la **fosa** de la cadera, donde el hueso de la pata se conecta con la parte principal del cuerpo. ¡Las aves tienen ese mismo agujero! Esto llevó a los científicos a pensar que las aves y los dinosaurios pueden estar emparentados.

Las fosas de la cadera eran iguales entre algunos dinosaurios, aun con tipos de cuerpo diferentes.

Los científicos hicieron otro descubrimiento sobre las aves y los dinosaurios. Los huesos de las aves son huecos, igual que los de los dinosaurios, como el Tyrannosaurus rex. Este enorme dinosaurio era un tipo de dinosaurio que se llama terópodo. Los terópodos eran los únicos dinosaurios carnívoros, y eran de todos los tamaños. ¡El Tyrannosaurus rex llegó a tener unos cuarenta pies (12m) de largo! Otros terópodos eran mucho más pequeños. Pero sin importar su tamaño, todos los terópodos tenían huesos huecos, igual que las aves.

Durante mucho tiempo, los científicos pensaron que las aves habían desarrollado huesos huecos para que sus cuerpos fueran más livianos para volar. Ahora sabemos que los huesos huecos ya existían en los dinosaurios mucho antes de que hubieran aves.

El Tyrannosaurus rex era un terópodo con huesos huecos. ¡Las aves actuales también tienen huesos huecos!

17

Un tipo de terópodo, llamado Maniraptor, era mucho más pequeño que el Tyrannosaurus rex. Los Maniraptors tenían un hueso especial en cada muñeca, que tenía la forma de una media luna. ¿Adivinas qué clase de animales tienen hoy este mismo hueso? ¡Correcto, las aves!

Hasta ahora tenemos tres indicadores principales de que las aves están emparentadas con los dinosaurios:

- Las aves tienen el mismo agujero en la fosa de la cadera que tenían todos los dinosaurios.
- Las aves tienen huesos huecos, como tenían los terópodos.
- Las aves tienen un hueso de la muñeca especial, como tenían los Maniraptors. Este hueso de la muñeca es necesario para volar.

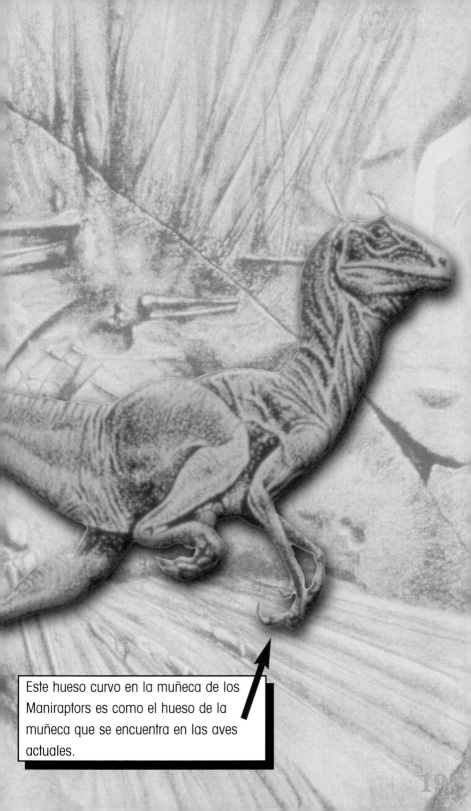

Este hueso curvo en la muñeca de los Maniraptors es como el hueso de la muñeca que se encuentra en las aves actuales.

Parientes de las aves

Dos parientes de la primera ave fueron los Maniraptors. A estos se les llama Velociraptors y Deinonychus. El Velociraptor medía unos seis pies (1.8m) de largo y tres pies (.91cm) de alto. Este dinosaurio corría velozmente y cerca del suelo cuando cazaba sus **presas**. El Velociraptor tenía garras afiladas en sus manos y patas para atrapar sus presas, de forma muy parecida a los halcones y águilas actuales.

El Deinonychus también corría velozmente y cazaba de la misma manera que el Velociraptor, usando sus garras para atrapar sus presas. Tenían también un aspecto parecido. Ambos dinosaurios tenían un hueso en forma de Y, llamado espoleta, en el centro del pecho, igual que la mayoría de las aves modernas.

l Velociraptor y el Deinonychus eran
equeños pero mortíferos. Tenían garras
rgas y filosas que usaban para atrapar
sus presas.

Hallazgos de fósiles

En 1999, se encontraron en China fósiles del Protarchaeopteryx. Este dinosaurio tenía plumas, pero no podía volar. Probablemente tenía plumas para mantenerse caliente.

El Archaeopteryx vivió hace unos 150 millones de años. Tenía quijadas y dientes en vez de un pico, pero tenía plumas que eran muy parecidas a las plumas de las aves actuales. Probablemente usaba sus plumas para mantenerse caliente y tal vez para volar distancias cortas. Los científicos creen que fue la primera ave.

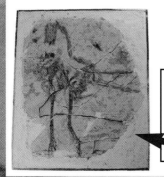

Este fósil de Protarchaeopteryx es muy importante para estudiar la manera en que están emparentados los dinosaurios y las aves.

Glosario

asteroide   Un objeto parecido a una roca que se encuentra en el espacio.

carnívoro, ra   Que come carne.

cráter   Un agujero en el suelo con forma de bol.

erupción   Acción de reventar o fluir.

fosa   Una apertura o agujero destinada a tener algo.

fósil   Los restos endurecidos de una planta o animal muerto.

pariente, ta   Miembro de la misma familia.

presa   Un animal que es comido por otros animales como alimento.

proceso   Los cambios graduales que conducen a cierto resultado.

temperatura   Cuan caliente o fría está alguna cosa.

terópodo, da   Un tipo de dinosaurio que tenía huesos huecos como las aves modernas.

rasgo   Una característica especial.

vegetariano, na   que come plantas.

Índice